Die schönsten HUNDESPIELE

Gassigehen macht Hunden Spaß – doch Spielen lieben sie noch viel mehr! Die pfiffigen Ideen in diesem Ratgeber geben Ihnen jede Menge Tipps für fröhliche Spielstunden zu zweit. Schenken Sie sich und Ihrem vierbeinigen Freund doch öfters diese Freude! Ganz nebenbei halten Sie ihn dadurch rundum fit.

Inhalt

WARUM SPIELEN FÜR HUNDE WICHTIG IST

DIE SCHÖNSTEN SPIELE FÜR DRINNEN UND DRAUSSEN

DAS SCHAFFT MEIN HUND SPIELEND

ANHANG

TIPPS & INFOS

Tipps und Infos rund um Spiel und Spaß mit dem Hund finden Sie auf den **Seiten 7, 8, 11, 17, 19, 21, 23, 24, 26, 28, 29, 32, 33, 38, 43 und 45.**

Warum Spielen für Hunde wichtig ist

Für uns Menschen gehört Spielen zu den „kleinen Fluchten" aus dem Alltag, die Spaß und Abwechslung ins Leben bringen. Für Hunde bedeutet ausgiebiges Spielen ebenfalls Freude, Entspannung und Aggressionsabbau. Doch hinter der tierischen Spiellust steckt noch viel mehr.

Die Schule des Lebens

Wenn sie nicht gerade mit Nahrungsaufnahme oder Schlafen beschäftigt sind, wollen junge Hunde den ganzen Tag spielen. Sie erobern sich im Spiel ihre Welt und entwickeln ganz ohne Stress die Techniken und Fertigkeiten, die sie im Leben brauchen.
Im Spiel lernen Hunde unter anderem:

- Körperbeherrschung und Sinneswahrnehmungen zu verbessern,
- genetisch angelegte Fähigkeiten wie Jagdtechnik und Beutefang zu vervollkommnen,
- ihr Reaktionsvermögen zu verbessern,
- sich Artgenossen und zweibeinigen „Rudelmitgliedern" gegenüber angemessen zu verhalten,
- ihren eigenen Platz im sozialen Umfeld zu finden – also sich in die Rangordnung einzufügen,
- ihre Kraft, Aggression und Beißintensität zu kontrollieren und „sozialverträglich" zu dosieren.

Bei Welpen und Junghunden läuft gar nichts ohne Spiel. Aber auch für ausgewachsene Tiere, ja auch für Hundesenioren, sollte der Spaß nicht aufhören, damit sie geistig und körperlich fit bleiben.

Spielen für IQ und Wellness

Für Tiere in der Wildnis ist Spielen Kinderkram. Wenn sie ihre „Schulzeit" hinter sich haben, sind sie mit dem Ernst des (Über-) Lebens vollauf beschäftigt. Unsere Hunde dagegen bleiben im „Menschenrudel" zeitlebens Kinder, die sich gern zum Spielen animieren lassen. Weil unser moderner Lebensstil zudem die meisten von ihnen chronisch unterbeschäftigt lässt, können sie nur im Spiel natürliche Verhaltensweisen ausleben: Jagen, Beute machen (und wenn's nur ein Ball ist), Fährten suchen und ihr Bestes fürs Rudel tun. Oder eben für Herrchen und Frauchen. Wenn Sie Ihrerseits Ihr Bestes für Ihren Vierbeiner tun wollen, spielen Sie mit!

Anregung für die Sinne

Verwünschen Sie manchmal auch den ewig gleichen Alltagstrott mitsamt seiner Langeweile? Ihr Hund hat mindestens ebenso viel Grund dazu. Als Mensch können Sie sich ja Ablenkung verschaffen, zum Beispiel einen Krimi lesen, Musik hören oder einen Film anschauen. Schon fühlen Sie sich nicht mehr so lustlos, ist der Alltag nicht mehr so grau. Ihr Hund dagegen kann bzw. darf sich in der Regel solches „Futter für die Sinne" nicht einfach selbst beschaffen, sondern muss schön brav warten, bis Sie Zeit für ihn haben. Das Warten sollte sich für ihn dann aber auch lohnen! Er ist hungrig auf interessante Gerüche, Geräusche oder Gegenstände, auf Erde oder Gras unter den Pfoten, auf Bewegung. Gemeinsames Spielen entschädigt ihn für manche langweilige Stunde, regt ihn an und weckt die Lebensgeister.

Spielen macht schlau

Langeweile lässt die Sinne abstumpfen. Ein Hund leidet, wenn er isoliert von anderen gehalten wird und nur das tägliche Einerlei von Fressen, Schlafen und Gassigehen auf immer gleicher Strecke kennt. Er verliert allmählich seine natürliche Neugier, seine Lernbereitschaft und seine sozialen Fähigkeiten. Auf alles, was er nicht sofort einordnen kann, reagiert solch ein Hund dann entweder ängstlich oder aggressiv. Da ist es schon besser, Bello tobt sich aus. Mit Kumpeln auf der Hundewiese und selbstverständlich auch mit Ihnen. Noch besser ist es, wenn Sie seinen Spaß am Spiel fördern und ihm immer mal wieder etwas Neues vorschlagen.

Fit durch Spiel

Spielen bedeutet für Ihren Hund vor allem, sich zu bewegen. Gut für ihn, denn regelmäßige und ausdauernde Bewegung ist der beste Fitness-Faktor! Ein „bewegter“ Hund gerät nicht so schnell außer Atem und setzt so leicht keinen Speck an. Sogar beim Nichtstun verbrennt er mehr Kalorien als seine trägeren Artgenossen, weil die körperliche Aktivität auch den Ruhestoffwechsel ankurbelt. Wer sagt da noch „Ach du dicker Hund!“?

Spielen ist gesund

Kein Zweifel also: Spielen trägt zur physischen und psychischen Gesundheit Ihres Hundes bei. Aber was haben nun Sie persönlich davon, wenn Sie Ihre kostbare Freizeit mit Hundespielen verbringen? Erst einmal kommen auch Sie dabei in Bewegung, und das tut Ihrer Gesundheit ebenso gut wie der Ihres Vierbeiners. Zweitens bauen Sie Stress ab – schon wenn Sie dem übermütigen Herumtollen befreundeter Hunde nur zugucken. Den ganz normalen Alltagsfrust können Sie ebenfalls vergessen: Sie müssen sich auf Ihren Hund konzentrieren, wenn Sie ihn zu einem bestimmten Verhalten veranlassen wollen. Unmöglich, gleichzeitig über den Ärger im Büro oder andere Unerfreulichkeiten nachzugrübeln. Spielend werden Sie ausgeglichener, gelassener und Sie entwickeln eine gesündere Lebenseinstellung. Der Abschied von Zwang, Druck und falschem Ehrgeiz gehört dazu. Sowohl der Mensch als auch der Hund dürfen spielen, keiner von beiden muss.

TIPP
KUMPELS VON ANFANG AN

Besuchen Sie mit Ihrem neuen Familienmitglied eine gute Welpenschule! Ihr Hund lernt spielend den richtigen Umgang mit seinen Artgenossen und Sie erfahren aus erster Hand, was Sie über den „Hundeknigge“ wissen sollten. Wichtig: Die Trainer sollten ohne jede Zwangsmaßnahme arbeiten.

Spielen verbindet

Je öfter Sie mit Ihrem Hund spielen, desto besser lernen Sie beide einander kennen. Von Mal zu Mal können Sie besser einschätzen, wie er gestimmt ist und was er Ihnen mit einem Blick, einem Stupser oder einer anderen Geste sagen will. Umgekehrt ist es genauso: Ihr Hund lernt, Ihre Körpersprache noch besser zu „lesen“, als er es ohnehin schon kann, Ihre Stimmungen zu erspüren und zu verstehen, was Sie sagen. „Jedes Wort“, behaupten manche Hundefans. Auch wenn das nicht so ganz stimmt – was Sie meinen, bekommt Ihr Bello schon mit. Und mit dem gegenseitigen Verständnis wird auch die Bindung noch stärker.

Ganz ohne Regeln geht es nicht

Finden Sie es auch so unwiderstehlich, wenn Ihr Hund Ihnen seinen Ball vor die Füße legt und Sie erwartungsvoll anblickt? Wenn Sie nicht wollen, dass er Sie rund um die Uhr mit „Zuspieldiensten" beschäftigt, ignorieren Sie lieber seine Aufforderungen. Jedenfalls die meisten. In der Regel sollten Sie derjenige sein, der ein Spiel beginnt. Weitere Spielregeln:

- Sie als Mensch sind es auch, der den Schlusspunkt setzt. Am besten dann, wenn es am schönsten ist – umso mehr freut sich ihr Hund auf das nächste Mal.
- Halten Sie die einzelnen Spielrunden kurz und bieten Sie Bello viel Abwechslung.
- Gönnen Sie dem Hund immer wieder Erholungsphasen zwischen den Spielen.
- Wenn Bello keine Lust hat – lassen Sie ihn. Nicht jedes Spiel liegt jedem Hund, und Zwang wirkt auf alle Fälle als Spaßkiller.
- Gehen Sie nicht gleich nach dem Spielen weg! Nach der freudigen An- und Aufregung ruhig und brav allein zu bleiben, fällt jedem Hund schwer.
- Loben Sie Ihren Vierbeiner, wenn er etwas richtig gemacht hat. Fehler dagegen werden einfach ignoriert.
- Spielen Sie körperlich anstrengende Spiele nicht direkt nach dem Füttern oder bei großer Hitze – beides gefährdet die Gesundheit Ihres Hundes.
- Räumen Sie Spielzeug weg, das im Moment nicht gebraucht wird. So bleiben die Sachen für Bello interessant.

Was Ihr Hund können muss

Damit aus einem Spiel nicht unversehens Ernst werden kann, sollte Ihr vierbeiniger Freund einen „Grundwortschatz an Menschenvokabeln" beherrschen. Er muss auf seinen Namen hören, die Lautzeichen „Sitz", „Platz", „Hier", „Fuß" und „Aus" zuverlässig befolgen und natürlich auch wissen, dass er auf Ihr schon beinahe knurrend ausgesprochenes „Nnnnein" (oder auch „Pfui") unverzüglich von seinem jeweiligen Tun abzulassen hat. So können Sie schnell und problemlos eingreifen, falls Ihr Hund beim Spielen sich selbst in Gefahr bringen oder im Eifer des Gefechts andere belästigen sollte.

TIPP
NATÜRLICHE AUTORITÄT

Sie müssen im „Rudel" nicht stets den Boss herauskehren. Verhalten Sie sich umsichtig und geben Sie Ihrem Hund klare, aber immer freundliche Anweisungen. So gewinnen Sie natürliche Autorität. Übrigens: Auch die Alphatiere in einem Wolfsrudel gehen mit ihren „untergeordneten" Artgenossen alles andere als rüde um.

Hund und Kind sind ein tolles Team. Doch behalten Sie das Spiel stets im Auge.

Spielpartner Kind

Kinder und Hunde haben eine Menge gemeinsam. Beide toben gern und können vor lauter Spieleifer regelrecht in Ekstase geraten. Prima, aber leider auch problematisch! Insbesondere bei Rangeleien und Zerrspielen. Wenn Kinder dann – sei es aus lauter Freude oder aus plötzlicher Angst – anfangen zu schreien, ist das für den Hund die Aufforderung, noch stärker zur Sache zu gehen und auch schon mal recht grob zuzupacken. Und ein Weglaufen bedeutet für ihn das Signal zur Jagd. Da kann es schnell Stürze geben, Schürfwunden oder gar noch Schlimmeres. Haben Sie also unbedingt ein Auge auf der Situation, wenn Kinder mit im Spiel sind. Generell gilt dann: Nicht so stürmisch, bitte! Mit Versteck-, Wurf- und Apportierspielen oder dem Einüben kleiner Tricks sind Sie, die Kinder und der Hund auf der sicheren Seite. Übrigens: Wenn Kinder durch Ihr Vorbild erfahren, wie man verständnis- und respektvoll mit Hunden umgeht, schaffen Sie die besten Grundlagen für dicke Freundschaften zwischen Mensch und Tier.

Körpersprache verstehen

Wetten, dass Ihr Hund Sie besser versteht als umgekehrt Sie ihn? Für ihn ist Ihre Körpersprache wie ein Buch, aus dem er vieles herauslesen kann. Machen Sie's ihm nach und schauen Sie sich genauer an, wie der Vierbeiner sich bewegt und was sich in seinem Gesicht abspielt. Er hat uns eine Menge zu sagen – auch beim Spielen.

Wie man Spiellaune erkennt

Lust zum Spielen zeigt Ihr Hund sehr deutlich an. Sie kennen den auffordernden Blick schon, das Stupsen mit der Nase oder der erhobenen Pfote, das erwartungsvolle Wedeln. Wenn dann noch der Kopf langsam zu Boden gesenkt, Schwanz und Po dagegen in die Höhe gereckt werden, heißt das so viel wie: „Na los, komm schon!" Auch ausgelassenes Hin- und Hergaloppieren ist ein Anzeichen für beste Spiellaune.

Wenn aus Spiel Ernst wird

Manchmal kippt mitten im Spiel die Stimmung. Brechen Sie jedes Spiel sofort ab, wenn Sie bemerken, dass

➤ der Hund ernsthaft zu knurren beginnt. Keine Sorge, Sie können das Geräusch unmöglich mit wohligem Brummen oder „Spielknurren" verwechseln.

Warum guckt denn keiner? Ich will doch so gerne spielen!

➤ er die Lefzen anhebt und die Zähne fletscht – das ist eine ernst gemeinte Warnung vor dem Zubeißen.

➤ sich seine Haltung versteift und die Nackenhaare sich sträuben oder der Schwanz steif nach oben zuckt – er fühlt sich bedroht und droht nun seinerseits anzugreifen.

➤ er sich duckt und den Schwanz einklemmt – er hat Angst, und das ist ja nun keinesfalls im Sinne der gemeinsamen Spielstunde.

Übersehene Signale

Warum zeigt sich der Hund ganz plötzlich von seiner aggressiven Seite? Weil wir vermutlich schon eine Reihe von „Friedensangeboten" übersehen haben. Ebenso wie Wölfe verwenden auch Hunde Beschwichtigungsgesten, um negative Stimmungen in ihrem „Rudel" zu entschärfen. Einige Beispiele:

Ihr Hund leckt sich die Nase. Möglicherweise haben Sie sich gerade über ihn gebeugt, sind schnurgerade auf ihn zugelaufen oder reden ärgerlich auf ihn ein. All das empfindet er als Bedrohung – er will doch nur, dass Sie wieder lieb zu ihm sind!

Er dreht den Kopf zur Seite. Starren Sie ihn etwa an oder sind Sie ihm zu dicht auf den Pelz gerückt? Schauen Sie ebenfalls weg und gehen Sie ein paar Schritte zur Seite. Streicheln Sie ihn kurz und warten Sie, bis er wieder von sich aus auf Sie zukommt.

Er gähnt. Das heißt nicht etwa „Ich bin müde", sondern „Ich will Frieden. Du machst doch hoffentlich keinen Stress?" Gönnen Sie ihm eine Pause und beruhigen Sie ihn – vielleicht ebenfalls mit einem Gähnen.

Er wird langsamer, setzt oder legt sich hin. Möglich, dass ihm ein Spiel zu rau geworden ist. Lassen Sie's also ruhiger angehen. Falls Sie gerade versuchen, ihm etwas beizubringen, beenden Sie lieber den Unterricht. Verlangen Sie zum Abschluss etwas, das ihm garantiert leicht fällt (z. B. „Sitz"), und belohnen Sie ihn dafür.

TIPP

LEHRER AUF VIER BEINEN

In Welpenspielgruppen (siehe dazu auch Tipp S. 7) lernt Ihr junger Vierbeiner, sich gegenüber anderen Hunden richtig zu verhalten. Das will aber – möglichst täglich – geübt werden. Suchen Sie in der Nachbarschaft den Kontakt zu erfahrenen Hundehaltern mit ebenso erfahrenen wie verträglichen Hunden. Diese sind für die „Jungspunde" unschätzbare Vorbilder.

INFO

BEISSHEMMUNG VORHANDEN?

Sich mit Artgenossen zu balgen, macht Bello Riesenspaß – vorausgesetzt, deren Beißhemmung ist gut ausgeprägt. Dieses Verhaltensmuster sorgt dafür, dass dem Tier gewissermaßen das Maul offen stehen bleibt, sobald sein Spielpartner eine Unterordnungsgeste zeigt. Bei manchen Hunden allerdings ist die Beißhemmung nicht oder nur schwach ausgeprägt. Nehmen Sie daher Ihren Hund aus dem Spiel, wenn Sie Anzeichen ernsthafter Aggression bemerken.

Schlitzohr

Er hat viel Charme und spielt am liebsten nach eigenen Regeln. Zwar ist er nicht der gehorsamste Hund, aber ein toller Schauspieler. Vorliebe: Zerrspiele.

Champion

Schneller! Höher! Weiter! Der „Champion" ist beinahe übereifrig bei jedem Spiel. Er braucht Bewegung und Beschäftigung und fürchtet nur eines: Langeweile!

Musterschüler

Er freut sich, wenn er seinem Lehrer eine Freude machen kann. Deshalb gibt der „Musterschüler" sich sehr viel Mühe mit Tricks und Kunststükkchen.

Welcher Spieltyp ist Ihr Hund?

☒ Tut er oft so, als hätte er Sie nicht verstanden?
☐ Steht er mit unschuldigem Blick daneben, wenn er etwas kaputtgemacht hat?
☐ Setzt oder legt er sich mit Vorliebe auf „verbotene" Plätze?
☐ Zieht er beim Betteln alle Register?

☐ Lässt er sich gern auf neue Spiele ein?
☐ Verliert er das Interesse, wenn ein Spiel keine Herausforderung mehr bietet?
☒ Macht ihm hektische Betriebsamkeit nichts oder wenig aus?
☐ Ist er flinker als die meisten anderen Hunde?

☐ Gehorcht Ihnen Ihr Hund aufs Wort?
☐ Ist er, wenn Sie sich ihm zuwenden, besonders aufmerksam und eifrig?
☐ Strengt er sich für ein Lob von Ihnen ebenso an wie für ein Leckerli?
☒ Ist er stolz, wenn er Ihnen „helfen" darf?

Kreuzen Sie an, welche Aussagen auf Ihren Hund zutreffen. Ist Ihr Liebling ein kleines Schlitzohr

Schmusekrieger

Rangeln mit Herrchen oder Apportieren? Wunderbar! Aber bitte ausgiebiges Schmusen nicht vergessen! Der spielfreudige „Schmusekrieger“ ist recht liebesbedürftig.

Naturbursche

Er ist mit Ihnen am liebsten an der frischen Luft, zu Ball- und Suchspielen oder flotten Wanderungen. Zwischendurch tobt er gern mit Artgenossen.

Salonlöwe

Bewegung muss nicht gleich in Sport ausarten! Für den „Salonlöwen“ ist die Wohnung Spielfeld genug und wird gern als Bühne genutzt, z. B. für zirkusreife Tricks.

☐ Drängt sich Ihr Hund ganz nah an Sie, wenn Sie traurig sind?
☐ Macht er Beschwichtigungsversuche, wenn „dicke Luft“ herrscht?
☐ Kann er Fellpflege so richtig genießen?
☒ Kommt er öfter zu Ihnen, um sich Streicheleinheiten abzuholen?

☒ Geht er auch bei „Hundewetter“ gern raus?
☐ Sind Sie nach einem zünftigen Spaziergang müder als Ihr Hund?
☒ Läuft er mit Begeisterung durch Pfützen und Dickicht?
☐ Müssen Sie aufpassen, dass der Jagdtrieb nicht mit ihm durchgeht?

☐ Ist Ihr Hund nach einer halben Stunde Laufen erst mal ordentlich müde?
☐ Wird ihm angst, wenn Artgenossen ungestüm mit ihm spielen?
☒ Hat er in der Wohnung mehrere Kuschelplätze?
☒ Genießt er es, bei Besuchern im Mittelpunkt zu stehen?

oder eher ein richtiger Naturbursche? Oder vielleicht beides?

Die schönsten Spiele für drinnen und draußen

Sie und Ihr Hund sind ein tolles Team! Schon von Natur aus, denn Ur-Urgroßvater Wolf hat allen Hunden die innige Bindung ans Rudel vererbt – und damit an ihre Menschenfamilie. Gemeinsames Spielen macht das Band noch fester und das ganze Team noch zufriedener. Probieren Sie's aus!

Warum Hunde nicht gern alleine spielen

Eine Weile kann sich Ihr Hund durchaus mit einem Kauknochen amüsieren, einen Ast mit den Zähnen abschälen oder irgendein Spielzeug im Maul durch die Gegend tragen. Er kann auch Spaß daran finden, im Garten Löcher zu buddeln, hinter seinem eigenen Schwanz herzujagen oder den Mülleimer akribisch zu durchsuchen. Im Grunde aber gilt: Alleine spielen ist öde!

Ihr Hund liebt „Teamwork". Ebenso wie sein Urahn Wolf ist er alles andere als ein einsamer Jäger. Wölfe leben in Rudeln, Familien also, die meist aus einem Elternpaar und seinen Nachkommen bestehen. In der Familie herrscht Arbeitsteilung: Vater und die älteren Wölfe gehen jagen, Mutter versorgt die Welpen, die anderen spielen Babysitter für das Jungvolk. In einer so gut organisierten Gruppe ist jedem klar, wo sein Platz ist. Harte Kämpfe um die Rangordnung gibt es eigentlich nur bei Wölfen in Gefangenschaft. Bei den „Wilden" zeigt sich jeder den souveränen und fürsorglichen Anführern gegenüber von der besten Seite. Kein schlechtes Vorbild fürs gemischte Rudel von Mensch und Hund! Und beste Grundlage für viel Spaß am gemeinsamen Spiel.

Richtig Spielen
will gelernt sein

Obwohl Menschen und Hunde höchst unterschiedliche Sprachen sprechen, können sie sich auf gemeinsame Spiele verständigen. Doch müssen in erster Linie wir Menschen lernen, wie man mit Hunden richtig spielt.

Locker werden

Erster Lernschritt: Machen Sie sich locker! Gehen Sie ruhig mal vor Ihrem Hund in die Knie, wenn Sie ihn zu sich rufen. „Reden" Sie auch mit den Händen, ja mit dem ganzen Körper. Laufen Sie andeutungsweise ein paar Schritte von ihm weg, um ihn zur Verfolgung zu animieren. Bleiben sie aber nach zwei, drei kurzen Schritten gleich wieder stehen und blicken sie sich freundlich nach Ihrem Hund um. Das ist zwar noch nicht formvollendet, kommt aber der Spielaufforderung aus der Hundesprache schon recht nahe. Ihr Vierbeiner versteht es richtig: Jetzt ist Zeit für Spaß und Übermut!

Stimmübungen

Zweiter Lernschritt: Achten Sie auf Ihre Stimme! Die Lautstärke dürfen Sie ruhig drosseln – schließlich hören Hunde mindestens doppelt so gut wie wir Menschen. Dass Sie Ihre Kommandos in freundlichem Ton geben, versteht sich von selbst. Beim Spielen

Aufmerksam wartet der Hund. Ihre Kommandos sollten freundlich, aber bestimmt sein.

sollten sie sogar ausgesprochen freudig klingen – gute Laune steckt an! Geübt sein will auch das Loben. Schließlich soll Ihrem Hund diese „Belohnung mit der Stimme" ja (fast) ebenso „schmecken" wie ein köstlicher Leckerbissen.

Wie sag ich's meinem Hunde?

Auch beim Spielen sind Sie der Boss. Das muss so sein, nicht zuletzt, weil es Ihrem Hund Sicherheit gibt. Sie sind derjenige, der ihm sagt, nach welchen Regeln gespielt wird, und der ihm neue Tricks beibringt. Tun Sie's in ganz kleinen Schritten und belohnen Sie jeden Teilerfolg sofort. Wenn jeder einzelne Lernschritt ein Erfolgserlebnis für Ihren Hund ist, festigt sich das Gelernte am besten und seine Freude am Spiel mit Ihnen steigt.

TIPP

NACHSPIELZEIT

Eben noch voll in Bewegung und jetzt gar nichts mehr tun? Manchem Hund fällt der abrupte Wechsel schwer. Schicken Sie ihn mit einem Kauknochen oder einem Beschäftigungsspielzeug auf seinen Platz und gönnen Sie ihm so noch eine „Nachspielzeit".

Richtig belohnen

Belohnen können Sie Ihren Hund mit Leckerbissen, Lob, Streicheln oder seinem Lieblingsspiel bzw. seinem Lieblingsspielzeug. Natürlich bietet der Leckerbissen den stärksten Anreiz. Setzen Sie die Futterbelohnung aber dosiert ein: In der Anlernphase bei jedem erfolgreich gemeisterten Schritt, später nur noch nach jedem dritten, vierten oder fünften Spiel. Das erhält die Spannung und mindert die Gefahr, sich spielend einen „dicken Hund" heranzuziehen. Mit Lob und Streicheleinheiten brauchen Sie dagegen nicht zu geizen – auch wenn die Anerkennung nicht jedes Mal ganz so enthusiastisch ausfallen muss wie nach den ersten gelungenen Übungen.

Tadellos ist besser

Verzichten Sie beim Spielen auf Tadel und Zurechtweisung, auch wenn Ihr Hund Fehler macht. Ignorieren Sie ihn in diesem Fall einfach. Sobald er das unerwünschte Verhalten beendet, wenden Sie sich ihm wieder freundlich zu, und dann heißt es: „Neues Spiel, neues Glück."

Alles hat seine Zeit

Ihr Hund lebt ganz im Hier und Jetzt. Er verknüpft seine Aktion (z. B. ein richtig ausgeführtes Kommando) nur dann mit Ihrem Lob (oder Leckerchen), wenn Sie es im richtigen Augenblick einsetzen. Und das bedeutet: spätestens nach nur einer (!) Sekunde. Lassen Sie Ihrem Hund die Spiel- und Übungszeiten nicht zu lang werden. Sagen Sie „Schluss", während es ihm noch richtig Spaß macht. Schließlich soll er sich schon auf das nächste Mal freuen.

Das richtige Spielzeug

NÜTZLICH, WITZIG, HEISS GELIEBT

Hunde suchen sich gern ihr Spielzeug selbst: Den Ast, von dem sich so schön die Rinde schälen lässt, aber auch Herrchens Pantoffel, Frauchens Schuhe und vieles mehr. Mit dem richtigen Hunde-Spielzeug sind Sie jederzeit bestens gerüstet, Bello zum Tauschen zu bewegen.

Tolles Spielzeug

➤ **Der „Kong"** aus Naturkautschuk (Foto links) ist nicht nur für Wurf- und Apportierspiele gut. Mit Futter gefüllt, wird ein Beschäftigungsspielzeug daraus.
➤ **Dekorative Brettspiele** aus unbehandeltem Naturholz wie „Klurig", „Knepig" oder „Roulette" beschäftigen

Bei „Klurig“ (auch als „Solitär“ oder „SmartDog“ im Handel) kommt es darauf an, die vertieft stehenden Klötzchen mit der Schnauze aufzuheben. Unter welchem steckt die Futterbelohnung?

Zum Apportieren und für kleine Kraftproben mit dem geliebten Menschen: Ein Spieltau mit Bällen ist ein wunderbares Spielzeug. Dicke Baumwolltaue sind für Welpen gut, da sie damit die Kaumuskulatur trainieren.

Der Igelball lässt sich werfen, fangen, apportieren, verstecken, beknabbern. Er sorgt bestens für Beschäftigung. Wie alle Bälle sollte er der Größe des Hundes angepasst und nicht kleiner als die Maulöffnung sein.

TIPP

SPIELZEUG – SICHER UND ROBUST

Hundespielzeug sollte möglichst bissfest sein und aus unbedenklichem Material bestehen, z. B. Rinderhaut, Latex, Hartgummi, Hartholz, reißfestem Nylon, Jute, Sisal oder Baumwollstoff. Achtung: Alles, was kleiner ist als Bellos Maul, könnte verschluckt werden oder im Rachen stecken bleiben.

den Hund mit der Frage: „Wie komme ich an den Leckerbissen?“

➤ **Spielfiguren** werden mit Wonne herumgeschleppt. Verzichten Sie aber auf Quietsch-Ventile, damit Ihr Hund nicht die Beißhemmung gegenüber quiekenden Artgenossen „verlernt“.

➤ **Sportliche Hunde** lieben neben Hartgummiringen zum Werfen oder Zerren auch Ziehtaue, Fußbälle, Frisbees (→ Seite 31), Hartgummihanteln, Apportierhölzer und Beißwürste.

➤ **Spielzeug selbst machen** spart manchen Euro. Abgetrennte Jeansbeine oder Einkaufsbeutel (Henkel dienen als Griffe) ergeben prima Zerrspielzeuge. Ein alter Strumpf, gefüllt mit ausgedienten Socken und über der Füllung verknotet, wird zum weichen Schleuderball.

1

3 Unter welchem Hütchen ist das Leckerchen verborgen? Unsere Supernase hat auf Anhieb das richtige Gefäß umgekippt. Ein Spiel, von dem manche Hunde nicht genug kriegen können. Also vorsichtshalber die Futterbrocken sparsam dosieren!

1 Futter muss nicht immer im Napf serviert werden. Warum nicht die leckeren Häppchen einem Futterball entlocken? Das ist für jeden Hund eine willkommene Herausforderung.

2 Wer sucht, der findet – nämlich den unter allerlei Papier versteckten Leckerbissen. Manche Hunde haben großen Spaß daran, anschließend Pappe und Papier zu zerlegen.

2

Spiele für die Sinne

Spielerisch den Geruchssinn fördern und dabei noch ein paar „Kopfnüsse“ knacken? Ihr Hund hat Spaß daran!

Finderlohn-Spiel

Lassen Sie Ihren Hund „Sitz“ machen und halten Sie ihm einen Leckerbissen zum Schnuppern hin. Wenn er ihn sich schnappen will, sagen Sie ganz ruhig „Warte“ und schließen die Hand. Lassen Sie ihn wiederum schnuppern. Lassen Sie das Stückchen dann zu Boden fallen und sagen Sie: „O. K., hol’s dir!“ Spendieren Sie ihm zusätzlich zu seinem „Finderlohn“ noch ein dickes Lob. Wenn alles klappt, platzieren Sie das Leckerli immer weiter weg, bevor Sie ihn losschicken. In der nächsten Stufe liegt das Stückchen nicht mehr in Sichtweite, sodass er wirklich der Nase nachgehen muss.

Topfgucker

Erste Schritte wie beim vorigen Spiel. Stellen Sie einige Gefäße (Plastikschüssel, Blumentopf, Tasse) umgekehrt auf den Fußboden.

3

Platzieren Sie den Leckerbissen vor Bellos Augen unter einem Gefäß und geben Sie das „O. K.-hol's-dir"-Kommando. Loben Sie ihn, wenn er das richtige Gefäß mit Schnauze oder Pfoten umkippt. Später darf er beim Verstecken nicht mehr zusehen und muss dann selbst herausfinden, unter welchem Gefäß der Leckerbissen liegt.

TIPP
KOMMANDO-WÖRTER

Sie brauchen sich nicht an die hier vorgeschlagenen Kommandos oder „Lautzeichen" zu halten, sondern können ebenso gut selbst wählen, was Sie Ihrem Hund sagen, wenn Sie etwas von ihm verlangen. Wichtig ist aber, dass Sie für jede Aktion ein eigenes Kommandowort finden, damit er nicht hoffnungslos durcheinander kommt. Legen Sie sich dafür am besten ein Vokabelheft an.

Wühlmaus-Spiel

Erste Schritte wie beim Finderlohn-Spiel. Diesmal muss das Leckerli aber unter einer alten Decke oder einem Badezimmerteppich mit Schnauze oder Pfoten hervor„gewühlt" werden. Eine Variante für schönes Wetter: Sie verstecken einen großen Kauknochen oder einen gefüllten Futterball unter lockerer Erde in Bellos „Buddelecke" im Garten oder unter einem Laubhaufen.

Schnüffelspaß

Noch ein Spaß für draußen – und für Frühaufsteher. Ihr Hund macht brav „Platz", vielleicht kann ihn auch ein Helfer an der Leine halten. Sie gehen 10–15 Schritte geradeaus über den Rasen, am besten, wenn das Gras noch „taufrisch" ist. Am Ende der Strecke deponieren Sie Bellos Lieblingsspielzeug oder einen größeren Leckerbissen, vielleicht auch einen Futterball. Gehen Sie in Ihren eigenen Fußspuren zurück, nehmen Sie Ihren Hund locker an die Leine und führen ihn auf die Spur. Er wird zuerst mit den Augen suchen. Sagen Sie schön langsam „Such" und zeigen Sie dabei auf den Boden. Loben Sie ihn, sobald er die Nase auf die Spur senkt, und nochmals, wenn er tatsächlich schnüffelnd der Fährte folgt. Und loben Sie ihn überschwänglich, wenn er zum Schluss die „Beute" findet. Machen Sie die Fährte nach und nach länger, bis der abgelegte Gegenstand tatsächlich außer Sicht ist.

Tresorknacker

Legen Sie Trockenfutter oder kleine Leckerbissen in eine Pappschachtel und kleben Sie diese mit Paketklebeband zu. Schneiden oder stechen Sie ein paar Löcher in die Schachtel und geben Sie den „Tresor" Ihrem Hund mit einem aufmunternden „O. k.". Großes Lob, wenn er das schmackhafte Innenleben herausbefördert, sei es durch die Löcher oder sei es durch Zerkauen der ganzen Schachtel.

Rock'n'Roll

Schrauben Sie den Deckel einer leeren Plastik-Getränkeflasche ab, geben Sie Trockenfutter hinein und legen Sie das Ganze auf den Boden. Ihr Hund darf nun versuchen, die Leckerbissen durch Rütteln und Rollen aus der Flasche zu kriegen: Dog-Rock'n'Roll!

Schon entdeckt! Mit der Zeit dürfen die Verstecke ruhig raffinierter gewählt werden.

Rollenspiel

Werfen Sie die Papprolle des Toilettenpapiers nicht gleich weg! Geben Sie einen Leckerbissen hinein, drücken Sie die Enden zusammen und biegen Sie sie um, bevor Sie Ihren Hund die Rolle annehmen lassen. Er darf sie nach Herzenslust zerfetzen und erntet noch eine schmackhafte Belohnung dafür.

Wo bin ich?

Ein „welpenleichtes" Spiel, vor allem, wenn Sie es in der Wohnung spielen. Stecken Sie sich ein paar Hundekekse in die Tasche, lassen Ihren Hund „Platz" machen und verstecken Sie sich: in einer Ecke, hinter dem Vorhang, unter der bodenlangen Tischdecke … Rufen Sie ihn dann mit einem „Such Frauchen!" (oder Herrchen) zu sich. Lob und Leckerchen!

Konzentration und Kombination

Ebenso wie die bisherigen regen auch die folgenden Spiele „Köpfchen" und Sinne an. Zusätzlich fördern Sie Bellos Aufmerksamkeit und Konzentrationsfähigkeit.

Wer ist wer?

Nette Unterhaltung für eine gesellige Runde: Rüsten Sie die menschlichen Mitspieler mit ein paar Leckerchen aus, während Ihr Hund „Sitz" macht. Sagen Sie ihm dann: „Los, geh zu Hanna" (oder Sascha oder wem auch immer). Helfen Sie ihm anfangs, indem Sie mit der Hand auf die betreffende Person deuten, die ihn ebenfalls mit Handzeichen ermuntern darf. Wenn er alles richtig macht, bekommt der Hund von Ihnen ein dickes Lob und von der richtig erkannten Person ein Leckerli.

Variationen und Kombinationen: Die Zielpersonen können sich in einem anderen Raum aufhalten oder sich verstecken, oder Sie schicken den Hund mit einem Gegenstand im Maul los, den er der von Ihnen benannten Person gewissermaßen als Kurierbote bringen soll. Hauptsache, ihm macht's Spaß.

TIPP

WIE LECKER!

Nichts gegen die Snacks der Fertigfutter-Hersteller! Kleine, gekochte, nicht gewürzte Stückchen Huhn, gekochte Leberwürfel, klein geschnittener Pansen oder auch mal ein Stückchen Fleischwurst sind jedoch willkommene Abwechslungen. Am besten, Sie bewahren die Stückchen in einer verschließbaren Plastikdose auf. Rechtzeitig aus dem Kühlschrank nehmen!

Jetzt wird aufgeräumt!

Hunde, die gern apportieren, können dabei „Vokabeln" lernen: Nehmen Sie aus Bellos Spielkiste einen Ball und legen Sie ihn auf den Boden. Setzen Sie sich neben die Kiste, zeigen Sie auf den Ball und fordern Sie Ihren Hund auf: „Bring den Ball." Loben Sie ihn, wenn er damit ankommt, zeigen Sie auf die Kiste und sagen Sie „Gib aus." Belohnen Sie ihn, wenn er ihn in die Kiste fallen lässt. Als nächstes wählen Sie zwei Spielzeuge mit unterschiedlich klingenden Namen aus (z. B. Ball und Tau) und fordern Ihren Hund wiederum auf, eines davon zu bringen. Großes Lob, wenn er das Richtige packt! Mit der Zeit dürfen Sie die Zahl der Spielzeuge, die Bello in seine Spielkiste „räumen" soll, erhöhen. Übrigens: Dass Hunde die Bedeutung unbekannter Wörter ganz ähnlich lernen wie Kleinkinder, haben Wissenschaftler des Leipziger Max-Planck-Instituts im Jahr 2004 mit Hilfe von Border Collie „Rico" bewiesen. Der bringt es inzwischen auf immerhin 250 Vokabeln. Sie allerdings dürfen schon stolz auf Ihren Hund sein, wenn dieser fünf bis sechs Spielzeuge auf Anhieb beim Namen kennt.

Hundi für alles

Keine Zeit für den Hund, weil die Hausarbeit ruft? Die Ausrede gilt nicht! Wenn Sie das letzte Spiel ein wenig abwandeln, bekommen Sie eine prima Haushaltshilfe. Lassen Sie sich z. B. Staubtuch oder Putzlappen bringen, lassen Sie Bello die leere Brötchentüte in den Papierkorb werfen, die Schmutzwäsche in den Wäschekorb geben oder zusammengelegte Sockenpaare in die Sockenkiste.

Ich wünsch mir was!

Sie sind „hundemüde" und wollen sich nach dem Gassigehen nur noch bedienen lassen? Stellen Sie Ihre Pantoffeln zurecht, lassen Sie Ihren Hund daran schnuppern. Belohnung! Ermuntern Sie ihn mit „Bring Pantoffeln", sie Ihnen zu bringen. Belohnung, sobald er Anstalten dazu macht. Stellen Sie sie wieder auf den ausgewählten Platz. Wenn Sie nach dem Spaziergang müde in den Sessel sinken, sagen Sie wieder: „Bring Pantoffeln." Lob, wenn Ihr Hund die richtige Richtung ein-

INFO

SICHTZEICHEN ALS HILFE

Deutliche Gesten helfen Ihrem Hund, noch besser zu verstehen, was Sie von ihm wollen. Hier ein kleiner Überblick über die gängigen Sichtzeichen für den „Grundwortschatz": „Sitz" = erhobener Zeigefinger. „Platz" = Handfläche weist nach unten. „Aus" = Handfläche weist nach oben. „Hier" = Zeigefinger weist nach unten. „Fuß" = Klopfen auf Oberschenkel. „Nein" = Kopfschütteln. „O. K." = Kopfnicken.

1 *Apportierfreudige Hunde übernehmen gern „Lieferaufträge" für Ihren Halter. Das korrekte Hergeben der Gegenstände will freilich geübt sein.*

2 *Hunde machen Unordnung? Von wegen! Wenn Sie ein lustiges Spiel daraus machen, hilft Bello gern beim Aufräumen. Lassen Sie ihn zum Beispiel seine Spielsachen in eine Aufbewahrungskiste legen.*

schlägt, Riesenbelohnung, wenn er die Pantoffeln tatsächlich anschleppt! Manche Hunde lernen auf diese Weise auch, die Fernbedienung oder die Tageszeitung zu bringen.

Das Einstein-Spiel

Zuerst Vokabeln und nun auch noch Rechenaufgaben? Na ja, zumindest können Sie so tun, als ob Ihr Hund weiter als bis drei zählen kann! Voraussetzung ist, dass er bereits Pfötchen geben (→ Seite 38) oder auf Kommando bellen (→ Seite 43) kann. Lassen Sie ihn das eine oder das andere zunächst mehrmals hintereinander tun und belohnen Sie ihn. Dann beginnen Sie, laut mitzuzählen: „Eins … zwei … drei …" Wenn er aufhören soll, senken Sie die Stimme, bevor Sie „braver Hund" sagen und ihm seine Belohnung geben. Mit der Zeit reagiert er dann schon allein auf Ihren Tonfall. Bald schon können sie den Trick vorführen: „Wieviel ist zwei und zwei?" Oder: „Wieviel ist acht weniger fünf?" Natürlich zählen Sie auch weiterhin laut mit, während Ihr Hund bellt oder Pfötchen gibt. Summen über zehn sollten bei den Aufgaben aber nicht herauskommen, damit es nicht langweilig wird.

Geschicklichkeit und Balance

Mit diesen Spielen wird Ihr Hund „fit for fun“! Und ganz nebenbei gewinnt Ihr Liebling auch noch mehr Selbstvertrauen.

Das Baumläufer-Spiel

Wenig los auf dem Trimm-dich-Pfad, im Park oder im Stadtwald? Prima für einen Fitness-Spaziergang mit dem Hund! Sagen Sie „Slalom“ und gehen Sie mit ihm an der lockeren Leine um die Baumstämme herum. Lob bei jeder Baumumrundung! Wenn Bello frei laufen darf, schicken Sie ihn mit „Slalom“ und einem unterstützenden Handzeichen im Alleingang um die Stämme herum. Riesenlob, wenn's klappt!

Klettermaxe

Liegt bei Ihrem Spaziergang ein kleiner (!) Holzstapel am Wegesrand? Vergewissern Sie sich, dass die Stämme nicht ins Rutschen geraten können, und ermuntern Sie dann Ihren Hund zum Darüberklettern. Überfordern Sie ihn aber nicht. Die Kletterübung muss seiner Körpergröße und seiner Geschicklichkeit angemessen sein. Bei zu großen Holzstapeln sind Rutsch-Risiko und Unfallgefahr einfach zu hoch!

Wackelpeter

Bauen Sie aus einem langen Brett mit rauer Oberfläche sowie einem kurzen, dicken Stück Holz (z. B. Kaminholz) eine Wippe. Führen Sie Ihren Hund angeleint auf das Brett, lassen Sie ihn am Kipppunkt halten und kippen Sie das Brett von Hand. Danach geht's weiter. Die nächsten Male führen Sie den Hund in einem Zug durch und er merkt, dass er selbst die Wippe zum Kippen bringen kann. Aber aufhören, sobald das Tier Anzeichen von Angst zeigt! Die meisten Hunde jedoch schaffen die Aufgabe bald auch ohne Leine.

Hürdenlauf

Wie wär's mit einem Hürdenlauf im Garten? Ein Parcours ist schnell aufgebaut: Rechts und links je ein umgekippter Eimer, darüber ein Besen oder ein langer, dünner Ast – schon steht ein Hindernis. Für größere Hunde eignen sich auch Sitzbänke oder Tischböcke als Hürden.

TIPP
MIT KLEINEN SCHRITTEN ZUM ZIEL

Es ist wie verhext: Bello kriegt bestimmte Übungen nicht mal zur Hälfte richtig hin. Dummer Hund? Nein! Wir haben lediglich zuviel auf einmal gewollt. Da hilft nur, die jeweilige Übung in noch kleinere Lernschritte zu zergliedern und den Hund für jeden einzelnen zu belohnen, sobald er ihn gemeistert hat.

Wer solch einen perfekten Slalomlauf hinlegt, hat eine Belohnung verdient!

Das Labyrinth-Spiel

Dieses Spiel eignet sich für drinnen und für draußen. Legen Sie Besenstiele, Stangen, ausgerollte Schläuche etc. so auf den Boden, dass sich eine Art Labyrinth ergibt. „Ziehen“ Sie Ihren Hund durch die Gänge, indem Sie ihm einen Leckerbissen vor die Schnauze halten. Loben Sie ihn, wenn er schön die Gängen entlang läuft, ohne die Begrenzungen zu berühren. Natürlich kriegt er am Ende das Leckerchen! Vielleicht lässt er sich später auch einfach nur per Handzeichen dirigieren.

Tunnelspaß

Verhängen Sie zwei hintereinander aufgestellte Stühle oder kleine Tische mit Decken und locken Sie Ihren Hund durch diesen „Tunnel“. Falls er nicht hindurchgehen will – bloß keinen Zwang ausüben! Vielleicht lässt er sich dazu verlocken, wenn Sie ein Leckerchen unter Stuhl oder Tisch legen? Oder Sie lassen die Decke zunächst nur an einer Seite herunterhängen. Oder Sie krabbeln selbst hindurch und ermuntern Bello auf diese Weise zum Folgen.

Nasenakrobatik

Werfen Sie Ihrem Hund mit einem „Schnapp!" Leckerchen so zu, dass er sie mit der Schnauze auffangen muss. Sobald das gut klappt, sagen Sie „Sitz!" und legen ihm einen Bissen auf den Nasenrücken. Und wieder heißt es: „Schnapp!" Geschickte Hunde schaffen es nach einiger Zeit tatsächlich, den Bissen mit einem kurzen Kopfrucken hochfliegen zu lassen und ihn sich dann aus der Luft zu schnappen. Gar nicht so einfach! Fällt das Leckerchen hingegen zu Boden, heben Sie es rasch auf, bevor der Hund es sich einverleibt, und lassen Bello das Ganze nochmals probieren. Und wenn's schließlich klappt, kriegt er zusätzlich zum Leckerbissen ein Riesenlob!

Ein zirkusreifer Sprung! Weicher Grasboden eignet sich fürs Springen am besten.

TIPP
EINHEITSSPRACHE

Bitten Sie alle, die außer Ihnen mit dem Hund spielen oder trainieren, dieselben „Vokabeln" zu benutzen. Sie können Ihrem Liebling auf diese Weise eine ganze Menge Frust und Verwirrung ersparen. Auch wenn es uns oft so erscheint: Unsere Hunde verstehen nicht die Bedeutung der Wörter an sich, sondern verknüpfen nur den Wortklang mit der jeweiligen Situation. Bemühen Sie sich deshalb auch, Ihre Lautzeichen möglichst immer im gleichen Tonfall zu geben.

Drauf oder drüber?

Aufgerollte Teppiche, Zeitungsstapel, Hocker, Sitzkissen – es gibt viele Dinge, aus denen sich in jeder Wohnung ein kleiner Hindernisparcours aufbauen lässt. Vielleicht lässt sich ja auch ein Zweibeiner auf Knie und Hände nieder, um ein Hindernis darzustellen? Ermuntern Sie Ihren Hund mit unterschiedlichen Kommandos (z. B. „Drauf!" oder „Hopp!"), entweder auf oder über die Hürden zu springen.

Das Zirkushund-Spiel

Ein Hula-Hoop-Reifen (für wenige Euro im Spielwarenhandel erhältlich) ist auch für Ihren Hund ein prima Sportgerät. Machen Sie ihn damit vertraut und lassen Sie ihn ein paar Mal hindurchlaufen. Als Nächstes halten Sie den Reifen etwa 10 cm über dem Boden und ermuntern Ihren Liebling zum Sprung. Steigern Sie nun die Höhe allmählich.
Variante für kleine Springer: Gehen Sie in die Hocke und formen Sie Ihre Arme zum „Reifen" – und dann: „Hopp!"
Hinweis: Wie für alle Springspiele gilt auch hier, dass falscher Ehrgeiz unter Umständen gesundheitsschädlich sein kann. Lassen Sie gelenkschwache oder besonders langrückige Hunde keine allzu hohen Sprünge machen.

Das Mucki-Spiel

Nehmen Sie ein Ziehtau aus Bellos Spielkiste und ziehen Sie mit Ihrem Hund um die Wette an der „Beute". Er wird ganz schön Muskeln zeigen und sein Spielknurren hören lassen. Tun Sie's ihm gleich, lassen Sie ihn auch ein paar Runden gewinnen – aber bleiben Sie auf jeden Fall am Schluss der Sieger, der die Beute wegträgt.
Hinweis: Lassen Sie Kinder dieses Spiel nur spielen, wenn sie groß genug sind, um den Hundekräften standhalten zu können bzw. wenn Sie selbst das Geschehen beobachten können. Wenn der Hund merkt, dass er dominiert, könnte seine Stimmung allzu leicht ins Aggressive kippen.

INFO
WICHTIGE SCHLÜSSELWÖRTER

Ihr Hund macht alles richtig: Dann verdient er ein Lobwort wie z. B. „Braaav!" Sagen Sie es am Anfang immer dann, wenn er sich gerade besonders wohl fühlt. Er macht einen Fehler: Ein Korrekturwort wie z. B. „Warte!" zeigt an, dass er etwas anderes machen muss.

Sie wollen Ihren Liebling von einem unerwünschten Impuls ablenken: Das Geheimwort (z. B. „Gib Acht!") bündelt seine Aufmerksamkeit, vorausgesetzt, Sie haben es beim Üben mit einer sehr positiven Bedeutung „aufgeladen" – etwa als Ankündigung für sein Lieblingsspiel.

Schieb mal rüber!

Legen Sie einen Ball oder sonst etwas Rollbares auf den Boden. Loben Sie Ihren Hund, wenn er den Gegenstand mit der Nase bewegt, und ermuntern Sie ihn: „Schieb rüber!" Setzen Sie sich ihm gegenüber auf den Boden und geben Sie unterstützende Handzeichen. Loben Sie jede richtige Bewegung und schieben Sie Ihrerseits bei Erfolg ein paar Leckerchen rüber!

Reaktion und Beweglichkeit

Spielen macht am meisten Spaß, wenn die Partner dabei richtig in Schwung kommen. Sofern Ihr Hund nicht allzu groß ist, einen gesunden Kreislauf und keinerlei Probleme mit dem Bewegungsapparat, etwa eine Gelenk- oder Rückenschwäche hat, steht einem sportlichen Rennen und Springen nichts im Wege. Das lässt sich spielend trainieren. Zum Beispiel so:

Angelspiel

Zugegeben, dieses Spiel ist bei der Samtpfoten-Fraktion „geklaut", aber auch für kleine Hunde ein Riesenspaß. Basteln Sie aus einem langen, dünnen Stock (z. B. einem Bambusstab) und Gummilitze (am besten Hosengummi) eine „Angel" und befestigen Sie daran ein Spielzeug. Lassen Sie Ihren Kleinen nach der „Beute" springen, schlagen und schnappen.

1

1 *Die Frisbeescheibe kann Hunde zu sportlichen Glanzleistungen treiben. Auf die Gelenke achten!*

2 *Legen Sie die Spielsachen ruhig auch mal an knifflige Stellen. Das hält den Hund körperlich und geistig fit.*

3 *Bei diesem Hindernis flattern die Ohren vor Motivation und Spaß. Ein Hindernislauf zu Hause ist bei Regenwetter toll!*

4 *Ein grandioser Elfmeter mit Bravour gehalten! Räumen Sie beim Indoor-Fußball zerbrechliche Gegenstände weg.*

Jag den Ball!

Je weiter Ball oder Stöckchen fliegen, desto mehr Spaß macht einem apportierfreudigen Hund das Hinterherjagen. Verfügen Sie nicht gerade über die stärksten Arme? Kein Problem! Ein Ball mit Schleuderschnur lässt selbst Sie zum Weitwurf-Könner werden. Wichtig bei allen Wurfspielen: Die „Beute“ immer vom Hund weg werfen, nicht auf ihn zu. Und selbst wenn er den Ball in einer Spielvariante nach Möglichkeit fangen soll, nie direkt auf seine Schnauze zielen. Es besteht Verletzungsgefahr!

Flughund-Spiel

Manche Hunde haben einen Riesenspaß daran, Frisbees im Flug zu schnappen, und entwickeln dabei selber beachtliche Flugkünste. Allerdings eignen sich herkömmliche Frisbee-Scheiben nicht für die Vierbeiner. Die harten Kanten könnten die empfindliche Hundeschnauze verletzen. Gönnen Sie Ihrem Freund daher am besten ein Hundefrisbee aus Nylon. Das lässt sich beim Spaziergang sogar in die Manteltasche stecken. Und spielen Sie nur auf weichem Untergrund wie Gras oder Sand. Auf diese Weise werden die Gelenke und Bänder des Hundes beim Springen weniger belastet.

Wer wird Weltmeister?

Wer wird Fußball-Weltmeister? Ist doch klar: Bello! Sie brauchen einen Ball von etwa 20 cm Durchmesser, groß genug, dass der Hund ihn nicht ganz ins Maul nehmen kann. Doch Vorsicht: Normale Bälle sind nicht bissfest, und es ist für das Tier gefährlich, wenn es sie zerkaut und Teile davon verschluckt. Der Fachhandel bietet jedoch für wenig Geld spezielle Hunde-Fußbälle an. Loben Sie Ihren Hund jedes Mal, wenn er den Ball mit der Schnauze oder den Pfoten bewegt. Bald wird er den Bogen raus haben und formvollendet über das Spielfeld dribbeln. Die meisten Hunde-Kicker zeigen vor allem als „Torwart“ ihre Qualitäten und hechten flinker als Oli Kahn nach dem Ball.

Grenzenloser Hundespaß

Spielen und einfach nur Spaß haben – beim Toben auf der Wiese zeigen unsere Vierbeiner, wie das geht. Lernen wir doch davon!

Fang mich doch!

Laufen Sie ein paar Schritte rückwärts, um Ihren Vierbeiner zum Verfolgen zu ermuntern. Und ab geht's! Mitten im Lauf wechseln Sie wie ein Hase die Richtung und rennen wieder auf den Hund zu, dann wieder weg. Stupsen Sie ihn zwischendurch an, so wie wir es aus den Nachlaufspielen der Kindheit kennen: „Du bist's!", was heißt: „Jetzt musst du mich fangen!" Geben Sie aber das „Schluss!"-Signal, bevor Sie beide völlig außer Atem sind.

Wer gewinnt?

Ein Spiel, das Spaß macht, wenn Sie zu mehreren sind. Die Mitspieler samt Hund stellen sich in einer Reihe auf, und Sie gehen 100 Schritte voraus. Dort ist das Ziel. Geben Sie das Zeichen zum Loslaufen. Wetten, dass der Sieger Hundekuchen mag!

Das Freundschaftsspiel

Dieser Spaß ist den freundschaftlichen Balgereien unter Artgenossen abgeschaut und setzt ein absolut intaktes Vertrauensverhältnis zwischen Mensch und Hund voraus. Setzen, legen, kauern oder hocken Sie sich auf den Teppich oder ins Gras und balgen Sie mit Ihrem Hund auf dem Boden herum. Gegenseitiges Rempeln mit Schulter oder Kopf ist erlaubt, Hand- beziehungsweise Pfoteneinsatz ebenso. Ihr Hund darf auch mit der Schnauze zugreifen (vorausgesetzt, er hat im Welpenspiel die Beißhemmung gut gelernt, → Seite 11). Sollte er allerdings im Eifer des Gefechts über die Stränge schlagen, brechen Sie zu Ihrer eigenen Sicherheit das Spiel unverzüglich ab.

INFO

VERBOTENE SPIELE

Ganz grundsätzlich: Was dem Hund Angst macht, ist als Spiel verboten! Achten Sie deshalb bei körpernahen Spielen darauf, keine „bedrohlichen" Haltungen einzunehmen. Also nicht frontal über den Hund beugen, ihn nicht am Genick schütteln und nicht in den „Schwitzkasten" nehmen – all das kann er nur als höchst bedrohlich interpretieren. Das gleiche gilt für den so genannten „Alphawurf", bei dem der Mensch den Hund auf den Rücken wirft, um ihn so zu „unterwerfen". Einziger Erfolg solcher Maßnahmen: Das Vertrauen kriegt einen Knacks.

Das Apportieren von Schwimm-Dummies aus dem Wasser ist ein sommerliches Vergnügen für „Seehunde“. Der Zoofachhandel bietet viele verschiedene Spielsachen an, die im Wasser nicht untergehen.

TIPP

KONTAKTLIEGEN

Schöner Abschluss nach „wilden“ Spielen: Gemeinsam ausruhen auf dem Boden, Seite an Seite. Im Wolfs- oder Hunderudel heißt das Kontaktliegen und verstärkt die Bindung. Bei Ihnen und Ihrem Hund hat es den gleichen Effekt.

Das Maulwurf-Spiel

Buddeln im Blumenbeet? Hat Ihr Hund doch nicht nötig! „Opfern“ Sie eine Ecke Ihres Gartens und bauen Sie ihm dort eine Sandkiste. Lassen Sie ihn aus dem Sand öfter mal „Schätze“ wie Kauknochen oder Spielzeuge hervorbuddeln. Und sicher liegt auch die eine oder andere als Buddelplatz geeignete Stelle mit loser Erde, Sand oder Kies am Spazierweg.
Im Winter benennen Sie dieses Spiel einfach in „Schneepflug“-Spiel um. Die weiße Variante funktioniert genauso wie die sandige.

Fischerhund-Spiel

Ist keine Pfütze vor Ihrem Hund sicher? Dann gönnen Sie ihm in „seiner“ Gartenecke ein schönes, flaches Planschbecken, wie es auch Kleinkinder lieben. Lassen Sie ihn daraus Spielzeug oder einen so genannten Dummy für die Wasserjagd oder auch mal Leckerchen herausfischen. Und falls er zu den apportierfreudigen „Wasserratten“ gehört: Nehmen Sie einfach ein schwimmfähiges Spielzeug auf die Spaziergänge zum gemeinsamen Badeplatz an einem See oder Teich mit. Das verdoppelt den Badespaß!

Welche Spiele liebt Ihr Hund?

Am besten, Sie finden „spielend" heraus, was Ihrem Vierbeiner gefällt. Hier ein Überblick, wie es die Vertreter der unterschiedlichen Rassen mit dem Spielen halten – mit einer Einschränkung: Keiner ist wie der andere, nur weil er der gleichen Rasse angehört.

Die Temperamentsbündel

Hochaktive, temperamentvolle Hunde wie Border Collie, Australian Shepherd und die meisten Jagdhund- und Terrier-Arten lieben „Action", Tempo und Bewegung – je mehr, desto besser, draußen wie drinnen.

Die Sportlichen

Sportlich mögen es auch Deutscher und Belgischer Schäferhund, Boxer, Bordeaux-Dogge, Collie, Sheltie, Dobermann, Spitz, Eurasier, Dalmatiner, Schnauzer oder Bobtail. Sie sind Frischluft-Fans und bevorzugen deshalb, unabhängig vom Wetter, „Draußen-Spiele". Dackel ebenfalls. Diese sind zwar keine Springer und Renner, dafür aber großartige „Schnüffler". Das trifft besonders auf die Rauhaar-Fraktion zu.

Die ruhigen Vertreter

Für Malteser, Lhasa Apso, Shi-Tzu, Tibet-Terrier, King-Charles-Spaniel, Basset, Beagle, Pudel, Mops, Pekinese, Chihuahua oder Yorkshire-Terrier dagegen darf's beim Spielen auch mal ruhig und beschaulich zugehen. Und bei veritablem „Sauwetter" akzeptieren sie auch verkürztes Gassigehen zugunsten einer abwechslungsreichen „Drinnen"-Spielrunde. Eine ganze Reihe dieser ruhigen Vertreter zeigt besondere Geschicklichkeit bei Tricks und Kunststückchen (→ ab Seite 38).

Spielmuffel und Spezialisten

Manche Hunde lockt man selbst mit den tollsten Spielideen nicht hinter dem sprichwörtlichen Ofen hervor. Dennoch sind sie hervorragende Sportskameraden, wenn man sie nach ihrer eigenen Fasson selig werden lässt und ihnen viel Freiraum bietet. Das gilt vor allem für die sehr selbstständigen Herdenschutzhunde wie Kuvasz, Komondor oder Akbash, aber auch für manche Wachhunde wie Howawart, Leonberger oder Rottweiler. Polar- und Schlittenhunde ebenso wie Windhunde (Hetzhunde) oder bestimmte Jagd- und Schutzhundrassen sind gleichfalls nicht so leicht mit Spielen zu beschäftigen. Sie brauchen vielmehr ernsthafte Aufgaben, die ihren ganz speziellen Talenten angemessen sind.

Für jeden das Richtige

WELCHES SPIEL FÜR WELCHEN HUND?

VERSTECK- UND SUCH-SPIELE

Finderlohn-, Topfgucker-, Wühlmaus-, Schnüffelspaß- und Wo-bin-ich?-Spiel
Geeignet für: fast alle Hunde
Nicht geeignet für: Hetzhunde (z. B. Afghane, Whippet und andere Windhunde)

FUTTERSPASS-SPIELE

Tresorknacker-, Rollen-, Rock'n'Roll-, Nasenakrobatik- und Wer ist wer?-Spiel
Geeignet für: alle Hunde
Einschränkungen: Bei langem Spielen mit vielen Wiederholungen Futterhäppchen auf die Tagesration anrechnen!

APPORTIERSPIELE DRINNEN

Jetzt-wird-aufgeräumt!-, Hundi-für-alles- und Ich-wünsch-mir-was!-Spiel
Geeignet für: alle apportierfreudigen Hunde

APPORTIERSPIELE DRAUSSEN

Jag-den-Ball- und Flughund-Spiel
Geeignet für: apportierfreudige „Temperamentsbündel" und „Sportliche"
Nicht geeignet für: Welpen und Junghunde, Großhunde
Einschränkungen: Vorsicht bei Hunden mit Gelenk- oder Kreislaufproblemen! Senioren nicht überfordern!

GESCHICKLICHKEITS-SPIELE

z. B. Baumläufer-, Klettermaxe-, Tunnelspaß-, Labyrinth- und Wackelpeter-Spiel
Geeignet für: sportliche und ruhige Hunde
Weniger geeignet für: „Temperamentsbündel"
Einschränkungen: Achtung bei Gelenkproblemen! Klettermaxe lieber nicht mit Welpen und Junghunden spielen!

RENN- UND SPRING-SPIELE

z. B. Hürdenlauf-, Zirkushund-, Angel-, Fang-mich-doch!- und Wer-gewinnt?-Spiel
Geeignet für: Temperamentsbündel, sportliche Hunde, in Maßen für ruhige Vertreter
Nicht geeignet für: Senioren, Übergewichtige, Großhunde, Welpen und Junghunde
Einschränkungen: Vorsicht bei Hunden mit Gelenk- und Kreislaufproblemen!

SPIELKÄMPFE

Mucki- und Freundschaftsspiel
Geeignet für: fast alle Hunde
Nicht geeignet für: Hunde mit „Herrscherallüren"
Einschränkungen: Die Beißhemmung des Hundes muss gut ausgeprägt sein! Vorsicht bei Kindern als Spielpartner des Hundes!

Das schafft mein Hund spielend

Hunde können unglaublich viel lernen, vor allem, wenn sie Spaß daran haben. Grund genug, zu probieren, ob ihnen nicht der eine oder andere Trick beizubringen ist. Versuchen Sie's ganz ohne Zwang und dafür mit jeder Menge Geduld und Anerkennung!

Unglaublich, was Hunde können!

Unsere für die verschiedenen Aufgaben ausgebildeten Diensthunde vollbringen schier Unmögliches bei Rettungseinsätzen in den Bergen oder nach Erdbeben, machen im Zoll- und Polizeidienst ihrem Ruf als „Supernasen" alle Ehre oder sind unentbehrliche Helfer für Blinde und anderweitig behinderte Menschen. Allerdings kostet die Ausbildung eines so bewundernswerten vierbeinigen Spezialisten sehr viel Zeit und auch eine ganze Menge Geld.

Tricks und Kunststückchen

Zugegeben, unsere ganz normalen Familienhunde bringen es in aller Regel nicht auf solche Höchstleistungen an Können, Gehorsam und Selbstständigkeit. Aber oft genug haben auch sie unsere Bewunderung verdient. Spielend schaffen sie so manchen verblüffenden Trick – wenn wir ihnen nur die Voraussetzungen dafür bieten.
Je mehr wir mit unseren Vierbeinern spielen, desto besser erkennen wir, was dem einzelnen Freude macht und welche Aufgaben ihm besonders leicht fallen. Darauf können wir aufbauen.

Mit Pfötchen-geben fängt es an

Viele Hunde lernen das Pfötchengeben ganz von selbst. Die Geste stammt aus dem natürlichen Verhaltensrepertoire unserer Vierbeiner. Welpen drücken so gegen Mutters Bauch, um den Milchfluss anzuregen. Später bedeutet die erhobene Pfote freudige Erwartung: „O ja, lass uns spielen!“ oder „Gib!“.

So wird ein Trick daraus

Warten Sie ab, bis Ihr Hund von sich aus die Pfote hebt. Dann loben Sie ihn, strecken die Hand aus und sagen: „Gib Pfötchen“. Dickes Lob, jedes Mal, wenn er's wieder tut. Andere Methode: Lassen Sie Bello „Sitz“ machen und hocken Sie sich mit einem Spielzeug oder Leckerchen vor ihn hin. Zeigen Sie ihm das Objekt seiner Begierde, bevor Sie die Faust darum schließen. Sobald er nun mit der Pfote danach angelt, öffnen Sie die Hand und sagen gleichzeitig „Gib Pfötchen“. Er wird schnell lernen, seine Pfote in Ihre Hand zu legen.

Andere Pfote

Sobald er das Pfötchengeben beherrscht, kann Ihr Hund auch lernen, Ihnen je nach Wunsch entweder die rechte oder die linke Pfote zu reichen. Wenn er Ihnen wieder die Pfote gibt, verlangen Sie: „Die andere“ und strecken ihm Ihre Hand so entgegen, dass er sie leichter mit der anderen Pfote erreicht. Lob und Belohnung, wenn's klappt, und dazu nochmals das Kommando „Die andere“.

TIPP

VIER PFOTEN HAT DER HUND

Es lohnt sich, Ihrem Hund auch beizubringen, Ihnen die Hinterpfoten zu reichen. Warten Sie, bis er das Hinterbein anhebt, und halten Sie Ihre Hand darunter. Großes Lob und Belohnung, wenn er mit der Hinterpfote Ihre Hand berührt. Nun führen Sie ein neues Kommando dafür ein, z. B. „Pranke“. Der ganze Trick hat einen großen praktischen Nutzen: Ein Hund, der Ihnen bereitwillig alle vier Pfoten reicht, ist nach einem Winterspaziergang leichter von salzigem Schneematsch zu befreien. Außerdem können Sie ihm problemlos helfen, wenn er sich etwas in die Pfote getreten hat.

Abklatschen

„Gimme Five!“ heißt das Abklatschen mit der flachen Hand unter Sportsfreunden. Ihr Hund kann das auch. Lassen Sie sich zunächst das Pfötchen geben und drücken Sie es ganz sanft nach oben, bis Pfote und Hand einander senkrecht berühren. Sagen Sie dabei entweder „Gimme five!“ oder „Klatsch!“.

Sag tschüss!

Wenn Ihr Hund das Pfötchengeben und Abklatschen meistert, können Sie einen weiteren Schritt probieren: Mit der Pfote winken. So lernt er's: Spielen Sie „Abklatschen", aber ziehen Sie Ihre Hand ein wenig zurück, anstatt seiner Pfote entgegenzukommen. Lob und Belohnung, wenn er die Pfote oben hält. Dann können Sie auch das neue Kommando, z. B. „Sag tschüss!" einführen.

Noch mehr Pfotenspaß

Mit seinen Pfoten kann Ihr Hund Ihnen sogar manchen Handgriff abnehmen. Der Anfang ist „umwerfend" einfach: Stellen Sie einen Gegenstand auf den Boden, den man leicht umwerfen kann, z. B. eine leere Plastikflasche, einen Kegel, eine Holzfigur – was auch immer. Machen Sie Ihren Hund darauf aufmerksam und loben Sie ihn, wenn er Interesse zeigt. Läuft er hin und schnuppert er an dem Gegenstand, gibt's eine kleine Belohnung, tippt er ihn kurz mit der Pfote an, sogar eine große. Sobald er ihn dann richtig berührt oder umwirft, ist wiederum großes Lob fällig und das neue Kommando, z. B. „Pack!" Das gilt es in den nächsten Tagen zu festigen – bis er jeden von Ihnen bezeichneten Gegenstand „packt".

Tür zu!

Bitten Sie Bello: „Pack! – Tür zu!" und ermuntern Sie ihn, wenn er in Richtung Tür geht. Lob gibt's, wenn er die Tür berührt – und eine dicke Belohnung, wenn er sie tatsächlich anlehnt oder einschnappen lässt. Bald schon genügt das alleinige „Tür zu!" als Kommandowort. Auf ähnliche Weise lernt er auch, nach dem Signal „Licht aus!" den Trittschalter einer Stehleuchte oder gar den Lichtschalter an der Wand zu bedienen. Kluger Hund!

Tür auf!

Sofern Ihr Hund die richtige Größe hat, kann er Ihnen auch Türen öffnen. Zeigen Sie einfach auf die Klinke und weisen Sie ihn an: „Pack! – Tür auf!" Lob und Lohn, wenn er's tatsächlich „packt", die Klinke herabzudrücken und die Türe aufzumachen. In der Folge sollten Sie diejenigen Türen abschließen, die Sie nicht geöffnet haben wollen. Oder rüsten Sie sie mit einem Drehknopf statt einer Klinke aus. Und schimpfen Sie nicht zu sehr, wenn er's trotzdem probiert.

Vorhang auf!

Wenn Ihr Hund gern im Mittelpunkt steht, sollten Sie ein paar Bühnentricks mit ihm üben. Er wird sie stolz wie Oskar vorführen – und den Applaus glücklich wie ein Oscar-Gewinner entgegennehmen.

Kompliment!

Weil die „Spielverbeugung“ zum natürlichen Hunde-Verhaltensrepertoire gehört, lässt sich leicht ein Trick daraus machen: Warten Sie entweder ab, bis Ihr Hund in Spiellaune Anstalten zur Verbeugung macht und loben Sie ihn, sobald der Kopf nach unten und der Po nach oben geht. Oder halten Sie ihm ein Leckerchen vor die Nase und senken es langsam zwischen seine Pfoten ab. Großes Lob und Belohnung, wenn er den Kopf senkt und den Po in die Höhe reckt. Als neues Kommando-Wort eignet sich z. B. „Kompliment“ – so heißt die Verbeugung vor Publikum in der Sprache der Artisten.

1

1 *Bein-Slalom ist gar nicht so einfach und will geübt sein. Leckerchen motivieren den Vierbeiner dabei!*

2 *Peng! Welch ein ergreifender Bühnentod, den Ihr Vierbeiner auf das Parkett legt.*

3 *Wer sagt denn, dass Männchen machen doof ist? Hauptsache, der Hund kriegt Lob und Lohn!*

4 *„...und tschüss!“ Ein freundliches Winken zum Abschied. Da kommt man doch gern wieder!*

2

3

4

Bein-Slalom

Ein Spiel, das sich naturgemäß nur für kleine bis höchstens mittelgroße Hunde eignet. Nehmen Sie in jede Hand einen Leckerbissen und gehen Sie mit großen, langsamen Schritten geradeaus. Ermuntern Sie dabei Ihren Kleinen, zwischen Ihren Beinen hindurch Slalom zu laufen. Lob, sobald er darauf eingeht. Eine Belohnung bekommt er aber immer nur auf der Außenseite eines Beins – damit er nicht irgendwann zwischen den Beinen hocken bleibt. Bald läuft's wie am Schnürchen: Schritt – und der Hund läuft zwischen den Beinen hindurch nach links. Schritt – und der Hund läuft nach rechts. Schritt – und der Hund läuft nach links …

Variante im Stehen: Stellen Sie sich – wiederum in beiden Händen ein Leckerchen – mit gegrätschten Beinen hin und lassen Sie den Hund eine Reihe von „Achten" um Ihre Beine herum laufen. Für Fortgeschrittene lässt sich in die Übung dann auch noch ein Richtungswechsel einbauen.

Peng!

Für Schauspieler eine große Herausforderung: der „Bühnentod". Für Ihren Oscar-Gewinner eine willkommene Entspannungsübung nach einem wilden Spiel. Lassen Sie ihn zunächst „Platz" machen, gehen Sie neben ihm in die Hocke und halten Sie ihm einen Leckerbissen vor die Nase. Führen Sie diesen dann ganz langsam an der Seite des Hundes entlang nach hinten – die Hundenase folgt dem Brocken beharrlich – und schließlich über den Hunderücken hinweg auf die andere Seite des Tiers. Das ist der Moment, in dem sich Bello auf die Seite fallen lässt, denn anders kann er dem Bissen nicht mehr mit der Nase folgen. Sagen Sie jetzt „Peng!" und geben Sie ihm die Belohnung. Mit der Zeit, nach vielleicht 100 oder 1000 Wiederholungen, lässt er sich dann schon auf die Seite fallen, wenn er nur „Peng!" hört.

Wenn Ihr Hund „mitspielt", können Sie ihn mit dem Leckerbissen auch so weit locken, dass er auf dem Rücken zu liegen kommt, und erst dann Ihr Kommandowort sagen.

1

3 Wer so prima Taschen tragen kann, darf auch die Frühstücksbrötchen bringen. Lob und Belohnung sind ihm dafür sicher. Als nächstes wird er gleich noch die Zeitung herbeiholen!

1 „Wie spricht der Hund?" Bello gibt darauf genau die Antwort, die Frauchen hören will. Das kann zur Grundlage für verblüffende, zirkusreife Tricks werden.

2 Von seinem lieben Menschen lässt sich auch ein gestandener Hund schon mal ins Rollen bringen.

2

Die Show geht weiter

Ihr Hund zeigt gerne seine Tricks? Dann zeigen Sie ihm noch ein paar neue!

Männchen machen

Lassen Sie Bello „Sitz" machen und zeigen Sie ihm ein Spielzeug oder einen Leckerbissen. Halten Sie diese Belohnung über seinen Kopf (nicht zu hoch, sonst steht er auf). Sobald er die Vorderpfoten hebt und sich aufrichtet, sagen Sie z. B. „Männchen" oder „Sag bitte!" und spenden Lob und Belohnung.

Rolling Stone

Ihr Hund nimmt beim Räkeln oder Schlafen gern auch mal die Rückenlage ein? Dann lässt er sich auch auf Kommando ins Rollen bringen. Lassen Sie ihn sich mit „Platz" hinlegen. Locken Sie ihn dann mit Spielzeug oder Leckerbissen wie beim Bühnentod-Trick (Peng!, → Seite 41) in die Seitenlage und dann noch weiter und weiter. Loben und belohnen Sie ihn, wenn er schließlich überrollt. Nun führen Sie das neue Kommando „Rollen!" ein. Am liebsten rollt Ihr Hund übrigens auf Grasboden.

3

Wie spricht der Hund?

Wie eine gepflegte Unterhaltung von Mensch zu Hund aussehen kann, erfährt das staunende Publikum, wenn Sie Ihrem Liebling das Bellen auf Kommando beigebracht haben. Vielleicht lernt Ihr Vierbeiner es ganz von selbst: Geben Sie Acht, wann er von sich aus bellt (etwa wenn's an der Tür klingelt), loben Sie ihn dann und sagen Sie: „Wie spricht der Hund?" Geben Sie ihm einen Leckerbissen, wenn er auf Ihre Frage „antwortet". Nach längerem Üben klappt's dann auch mit dem Einstein-Spiel (→ Seite 25).

TIPP
BEUTETAUSCH

Ihr Hund apportiert zwar brav, mag sich aber partout nicht von der „Beute" trennen? Dann üben Sie erst mal den „Beutetausch". Verlangen Sie „Gib's her!" und bieten Sie gleichzeitig ein Spielzeug (oder den bewährten Leckerbissen) auf der ausgestreckten Hand an. Großes Lob, sobald er sein „Bringsel" freigibt. Und natürlich kriegt er Ihr „Beutestück". Nach ein paar Mal Üben hat er alles korrekt verknüpft.

Der Sänger

Singen kann Ihr Hund nicht in speziellen Trainingseinheiten lernen, aber vielleicht ist er ja ein musikalisches „Naturtalent". Sie können das unschwer herausfinden, wenn Sie Mundharmonika oder Flöte spielen oder selbst in hohen Tönen zu singen beginnen. Fühlt sich Bello an seine Wolfsvorfahren erinnert und stimmt jaulend in das Konzert mit ein? Wunderbar!

Der Bringer

Applaus heimst Ihr Vierbeiner aber ganz sicher ein, wenn er seine Apportierkünste vorführt (→ Seite 24). Üben Sie mit den unterschiedlichsten Gegenständen (z. B. der Tüte mit den Frühstücksbrötchen, der Fernbedienung, dem Geburtstagsgeschenk für Herrchen oder Frauchen oder der zusammengerollten Zeitung) und motivieren Sie ihn mit reichlich Lob und Belohnung bei jedem Lernschritt. Seit dem Siegeszug der PET-Flaschen ist es für Bello sogar ganz einfach geworden, Herrchen mit einem kühlen Getränk zu erfreuen. Wenn er da keine Belohnung verdient hat!

Spazierengehen einmal anders

IMMER MAL WAS NEUES!

Abwechslung macht Spaß, auch beim täglichen Spaziergang. Keine Zeit für größere Umwege? Kein Problem! Das ganz normale Gassigehen lässt sich mit der einen oder anderen kleinen Überraschung „aufpeppen“. Aber bauen Sie auch ein paar Rituale in die Gassi-Routine ein.

Da freut er sich schon drauf!

➤ **Beim Einkaufsbummel** bekommt Ihr Hund künftig eine „tragende Rolle“: ob Regenschirm, zusammengerollte Zeitschrift, Körbchen, Tasche oder ein Stück aus seiner Spielkiste – als tüchtiger Helfer ist er mit Recht stolz auf sich. Und vielleicht darf er sich ja auch auf den

1 *Die Wiesenrunde oder ein Spaziergang machen noch viel mehr Spaß, wenn Sie unterwegs etwas Leckeres oder ein Spielzeug versteckt haben. Und dann endlich das heiß ersehnte „Such!"-Kommando geben.*

2 *Stolz wie Oskar sind apportierfreudige Hunde auf eine „tragende Rolle" beim Spaziergang. Was Ihr Liebling tragen soll, bleibt ganz Ihnen überlassen. Achten Sie darauf, dass sich ein kleiner Kerl nicht übernimmt!*

3 *Eine kleine, sportliche Übung lässt sich problemlos in jeden Spaziergang einbauen. Schlagen Sie immer mal was anderes vor: Springen, Balancieren, Ballspielen. Das macht Spaß und lässt Gassigehen nie langweilig werden!*

TIPP
KONTAKTBÖRSE HUNDEWIESE

Nicht nur Hunde, auch ihre Halter kommen schnell miteinander in Kontakt. Verabreden Sie sich doch öfter zum Wiesentreff, zum gemeinsamen Ausflug, zum „Abenteuerspaziergang" mit Versteckspiel-Einlagen oder im Sommer zu Badespielen am Hundestrand. Bello freut sich drauf!

kleinen Abstecher zum Hundefutter-Shop freuen – oder auf die kurze Abschluss-Spielrunde im nahe gelegenen Park?

➤ **Die Gassi-Runde** wird mit kleinen Detektiv-Spielen noch interessanter. Verstecken Sie ein zusammengeknotetes Stück Stoff oder vielleicht auch einen gefüllten Futterball vor den Augen Ihres Hundes unter einem Stein, im Gebüsch oder im hohen Gras am Weg und setzen Sie den Gassi-Gang zunächst fort, als ob nichts gewesen sei. Nach etwa 50 oder 100 m heißt es dann umkehren und „Such!"

➤ **Verschmuste Hunde** stellen sich freudig in Schmuse-Positur, wenn Sie bestimmte Stellen des Weges (z. B. die Bank am Straßenrand oder das Rasenstück) zu Kraul- und Streichelpunkten erklären.

REGISTER

Die Inhalte dieses Buch beziehen sich auf die Bestimmungen des deutschen Tier- bzw. Artenschutzes. In anderen Ländern können die Angaben abweichend sein. Erkundigen Sie sich daher im Zweifelsfall bei Ihrem Zoofachhändler oder der entsprechenden Behörde.

ADRESSEN

Verbände/Vereine

➤ Fédération Cynologique Internationale (FCI), Place Albert 1er, 13, B-6530 Thuin, www.fci.be

➤ Verband für das Deutsche Hundewesen e.V. (VDH), Westfalendamm 174, 44141 Dortmund, www.vdh.de

➤ Österreichischer Kynologenverband (ÖKV), Siegfried Marcus-Str. 7, A-2362 Biedermannsdorf, www.oekv.at

➤ Schweizerische Kynologische Gesellschaft (SKG/SCS), Postfach 8276, CH-3001 Bern, www.skg.ch

➤ Deutscher Tierschutzbund e.V., In der Raste 10, 53129 Bonn, www.tierschutzbund.de

Krankenversicherung

➤ Uelzener Versicherungen, Postfach 2163, 29511 Uelzen, www.uelzener.de

Hunde im Internet

Wissenswertes rund um Hunde finden Sie auf folgenden Seiten:

➤ www.hundezeitung.de *unabhängig, kritisch, mit viel »gesundem Hundeverstand«*

➤ www.hunde.com *alles zum Thema Hund, mit vielen Lern- und Spielideen*

➤ www.ferien-mit-hund.de *hundefreundliche Unterkünfte*

Fragen zur Haltung beantworten

Ihr Zoofachhändler und der Zentralverband Zoologischer Fachbetriebe Deutschlands e.V. (ZZF), www.zzf.de; Online-Portal des ZZF: www.my-pet.org Tel.: 0611/44 75 53 32: Mo 12–16 Uhr, Do 8–12 Uhr)

Registrierung von Hunden

➤ TASSO e.V. Haustierzentralregister, Frankfurter Str. 20, 65784 Hattersheim a. M., Tel. 0 61 90/93 73 00, www.tasso.net

➤ Internationale Zentrale Tierregistrierung (IFTA), Nördliche Ringstr. 10, 91126 Schwabach, Tel. 00800/43 82 00 00, www.tierregistrierung.de

➤ Deutsches Haustierregister, Deutscher Tierschutzbund e.V., In der Raste 10, 53129 Bonn, www.registrier-dein-tier.de

BÜCHER

➤ Schmidt-Röger, H.: Das große GU Praxishandbuch Hunde. Gräfe und Unzer Verlag, München

➤ Schmidt-Röger, H.: 300 Fragen zum Hund. Gräfe und Unzer Verlag, München

ZEITSCHRIFTEN

➤ Unser Rassehund. Hrsg. Verband für das Deutsche Hundewesen e.V., Dortmund

➤ Partner Hund. Ein Herz für Tiere Media GmbH, Ismaning

DIE AUTORIN

Brigitte Eilert-Overbeck ist mit Hunden aufgewachsen und hat deren Verhaltensweisen intensiv studiert. Sie hat etliche Artikel und Bücher zu Heimtieren verfasst.

WICHTIGER HINWEIS

Alle Ratschläge wurden sorgfältig recherchiert und haben sich in der Praxis bewährt. Die Leserinnen und Leser sind jedoch aufgefordert, selbst zu entscheiden, ob und inwieweit sie die Anregungen in diesem Buch umsetzen wollen. Autorin und Verlag übernehmen keine Haftung für sich daraus ergebende Folgen.

DER FOTOGRAF

Oliver Giel hat sich auf Natur- und Tierfotografie spezialisiert. Seine Bilder werden in vielen Zeitschriften und Tierratgebern veröffentlicht.

Syndication:
www.jalag-syndication.de

DANK

Für die Bereitstellung von Hunde-Spielzeug an Dog Travel Expert, Bünde (S. 19 li, S. 36), Europet Bernina Int., Nürnberg (diverse Spielsachen), Qualidog, Balingen (S. 33).

IMPRESSUM

Projektleitung: Christine Axmann
Lektorat: Dr. Helga Hofmann
Umschlaggestaltung und Layout: H. Bornemann Design, München
Satz: Filmsatz Schröter, München
Produktion: Maike Promm/ Bettina Häfele
Repro: Longo AG, Bozen
Druck und Bindung: Dimograf

ISBN 978-3-7742-7361-0

11. Auflage 2015

www.facebook.com/gu.verlag

Ein Unternehmen der
GANSKE VERLAGSGRUPPE

QUALITÄTS G|U GARANTIE

DIE GU-QUALITÄTS-GARANTIE

Liebe Leserin, lieber Leser,
wir möchten Ihnen mit den Informationen und Anregungen in diesem Buch das Leben erleichtern und Sie inspirieren, Neues auszuprobieren. Alle Informationen werden von unseren Autoren gewissenhaft erstellt und von unseren Redakteuren sorgfältig ausgewählt und mehrfach geprüft. Deshalb bieten wir Ihnen eine 100%ige Qualitätsgarantie. Sollten wir mit diesem Buch Ihre Erwartungen nicht erfüllen, lassen Sie es uns bitte wissen. Wir tauschen Ihr Buch jederzeit gegen ein gleichwertiges zum gleichen oder ähnlichen Thema um.
Wir freuen uns auf Ihre Rückmeldung, auf Lob, Kritik und Anregungen, damit wir für Sie immer besser werden können.

GRÄFE UND UNZER Verlag
Leserservice
Postfach 86 03 13
81630 München
E-Mail:
leserservice@graefe-und-unzer.de

Telefon: 00800 / 72 37 33 33*
Telefax: 00800 / 50 12 05 44*
Mo–Do: 8.00–18.00 Uhr
Fr: 8.00–16.00 Uhr
(gebührenfrei in D, A, CH)*

Ihr GRÄFE UND UNZER Verlag
Der erste Ratgeberverlag – seit 1722.